AF430002

MUJER DE TINTA

Mujer de Tinta

Primera edición, Miami, 2022

© De los textos: Amelia Apolinario
© De la presente edición: Editorial Primigenios
© Del diseño: Eduardo René Casanova Ealo
© De la ilustración de cubierta:Behance
ISBN: 9798441049849

Edita: Editorial Primigenios
Miami, Florida.
Correo electrónico: editorialprimigenios@yahoo.com
Sitio web: https://editorialprimigenios.org

Edición y maquetación: Eduardo René Casanova Ealo

*A mi mamá, por la fe
que siempre depositaste en mí.
Te amo.*

*A mi familia, muy especialmente a mis tías Tere y Greidy,
a mi tío José Luis y a Tata, que siempre
mantuvieron abiertas las puertas de su casa para mí.*

*A mis amigos: Yadira, Robe, Amelia, Susana, Eliani, Eliane,
Barbarella y Tae, gracias por su apoyo incondicional.*

*A Jose, mi cómplice en la distancia,
por siempre estar ahí para mí.*

*A mi amiga y profesora de escritura creativa
Elaine Vilar Madruga, gracias por compartir
conmigo tus conocimientos y por permitirme
ser miembro de esa maravillosa familia que es
el Laboratorio de Escrituras: Encrucijada.*

*A Dania Turró, amiga, poeta y asesora literaria,
gracias por tu incansable dedicación con tus talleristas
entre los que siempre estaré.*

*Al Centro de Formación Literaria Onelio Jorge Cardoso,
escuela, guarida, faro.
A mis profesores Eduardo Heras
León y su esposa Ivonne Galeano, a Raúl Aguiar y Sergio
Cevedo, maestros y camaradas.*

*A la editorial Primigenios,
toda mi gratitud está con ustedes por hacer mi sueño posible.
Gracias.*

PARTE I

Yo era una mujer en un mundo de hombres.

Yo era una demócrata en una administración republicana.

Yo era una intelectual en un mundo de burócratas.

Yo hablaba diferente.

Esto me pudo haber hecho algo similar a una mancha de tinta.

JEANE KIRKPATRICK

1

Soy un poema

recluido

entre las lenguas

sucias

de un atril.

Quien se asegura de mantenerme

a salvo

no entiende el masoquismo

del papel

por naufragar.

Los poetas no sabemos callar.
Las palabras se nos amotinan
en la garganta
hasta que se abren paso afuera
como una estampida de salmones.
Los poetas no sabemos callar
y es por eso que una vez afónicos
apedreamos el papel
con lágrimas de mandrágora.

3

El insomnio
viola mis párpados
cada madrugada.
Intrépido,
se asoma al pozo de mi iris
en donde cada noche
arroja un verso
cual moneda.

4

Hoy quiero sumergirme
en mis profundidades,
justo allí
donde habita el *koi* luminiscente
del *karma,*
devorándose a sí mismo.
Besar su boca anzuelo
y sangrar historias.

5

¿Qué se hace con un poema
huérfano
que exige paternidad?
¿Cómo se le explica a un poema
narcisista
que es sólo oficio
sin que te llame prostituta?

6

Esta noche no habrá poemas.

Se debe poner una trinchera de almohadas

entre el desamor y la tinta.

Esta noche no habrá poemas

y el corazón se me estruja

como los dedos de una mandarina.

Esta noche no debería haber poemas

sin embargo vienen como moscas.

PARTE II

La memoria es más indeleble que la tinta.

Anita Loos

1

Por más que desholline
el cielo de mi boca
ripios de tu nombre
aún me cuelgan de las encías.
Estrangulan mi lengua
en cada intento de inicial
ajena.
Magistral *shibari*
(vudú)

2

Terrible cartógrafo es una lengua.

3

para Eduardo

Al arribo de otros conquistadores,
La Habana cubre sus senos
de edificios en la médula.
Lamen sus muslos
sin depilar
una legión de perros sarnosos
y sonríe,
mientras ensaya el conformismo:
extraña que la hagas tu tablao
tanto como yo.

4

Tu amor buitre

pía

y me apuro a ofrecerle

mi hígado

en un poema.

5

Me busco un as
en la entrepierna,
se vale el narcotráfico
de excusas
en defensa propia.
Palpo el vacío del liguero:
no estoy en esa edad
en que se lleven paraguas
bajo un cielorraso de tinta.
Entonces me río de la intemperie
y le abro todas mis bocas
a tu lluvia.

6

Vuelves,
poema de mala hierba
a asfixiar los retoños
de mis versos
en tu abrazo de jamases,
a despeinarme el musgo
que se amotina en mis ingles
con tu lengua de yagruma...
a solo ornamentar.

7

Me gustan las calles mordidas
como los poros de una adolescente.
Mi casa está en una de ellas.
También la tuya.
A mí, *cierra la muralla**.
Lloro
y bajo mis pies los charcos pían
cual bocas.

8

Dócil,
yazco bajo tus palabras
hechas fustas.
Sé no procede la defensa
ante una lengua–hidra
y entonces mi carne
—flagelada por verdades—
queda a merced del alivio
en tus dedos
de sal.

9

El *déjà vu* le abre mis piernas
a un extraño
al que trasviste de ti.
Conoce mi hambre de ciclos,
sabe de mi ordenada locura
y de mi vocación por romperme
los dientes
al martillar piedras con la boca.

Pendo ensartada a una luna

de garfio.

Mis lágrimas de acuarela tiñen

el piso

como el pellejo de un dálmata

multicolor.

Otra vez gimen los cuchillos en su baile

lésbico.

Mis axilas huelen a cebolla

y pubertad.

Boqueo.

¿Qué es la memoria si no una carnicería?

PARTE III

¿Quién diría que las manchas viven
y ayudan a vivir? Tinta, sangre, olor...
Frida Kahlo

1

Muero un poco más cada sábado
cuando la falsa ambrosía
anestesia al hueso buitre de Adán.
Dios salve a las discípulas de Prometeo
que, para comer, antes son devoradas.
Con la práctica,
el llanto se hace trino
eutanasia de un Fénix
polar.

2

I

Las prostitutas somos Cristo.
Cristo poniendo la otra mejilla,
Cristo en subasta...
Cristo llevado al escarnio
—abuchean—

II

Cristo,
un halo de moscas circuncida tu sexo,
en las noches te llamas Salomé.
Decapita ese alfiletero de promesas,
los sesos no se venden en el mercado.
Cristo,
cuídate de la muerte besucona y pulcra
que en tu vagina lava sus manos.
Cristo,
muere desnudo en el *bondage* de la cruz,
sin pasaporte al cielo.

3

Dudo,
luego existo.
Así es la rutina
de los marginados,
de los tristes,
de los rotos...
Esos que tras años
de entrenamiento
aún ven cuchillos en la lluvia.

4

Llega una edad
en que la nostalgia duele
como astillas bajo las uñas.
Fragmentos de multitudes
que persisten
sin más propósito
que el de mordernos los dedos
en cada abrazo.

5

Saco a pastar los recuerdos.

A falta de hijos, a ellos he de cuidar.

A veces son desobedientes

y escapan al límite de la memoria,

allá, en donde no los alcanzo a ver.

Temo no regresen

y entonces arranco uno a uno mis cabellos

en la incertidumbre de este oráculo

Me quieren, no me quieren...

El resultado siempre es el mismo...

Desesperada, los llamo.

Los llamo como se llama a los perros,

a las gallinas, a los gatos...

Ellos vuelven cuando le place,

en horas, en días, en meses, en años...

Vuelven haciendo cabriolas,

con la inocencia de quien no ha estado ausente.

Yo, como buena madre los abrazo hasta la asfixia

y les ofrezco mis senos arañados por las estrías.

Siempre olvido que ellos prefieren lactar de mis lágrimas.

6

Mis labios

cansados de no besar

hibernan sobre la escarcha

que una vez fue

ígneo semen.

Quizás no lo parezca

pero muero.

¡Tirito de soledad

ante cada transeúnte

que despilfarra besos ensayados

a la cámara!

Mas, solo consigo una moneda,

un ¨Pobre mujer¨,

y una llovizna de orine

de borrachos y perros.

7

Siento la noche como un mazo

besar mi frente lamida

por este calor–bulldog.

Sus labios me hunden

más aún

la compresa pestilente

de los remordimientos

y tirito,

ya no sé si de enfermedad o de pena.

No hay nadie que lo asegure,

salvo esta noche–Judas

sin remuneración.

8

Sirven uñas como aperitivo.

Doble ración para mí.

Así es desde que te conozco:

vivo con los dedos

en la boca.

En todas las bocas.

Engullo otro trozo de cutícula

que una lágrima adereza.

9

Un hombrecillo escupe una bengala

a mi costado,

en donde nunca pongo los ojos.

Abiertos con espéculos,

mis párpados adivinan en esa otra latitud

hombres de inquietas lenguas

a los que arrojo este nido de latas

asidas al cordón umbilical del jarro de leche

pegado en mi oído.

Ninguno habla,

excepto este hombrecillo que se incendia

a mi costado,

sin llamar mi atención.

Tengo miedo,
el calendario se desolla
cada vez más rápido.
Los días
—gemelos monocigóticos—
me obsequian más del mismo tedio.
Tengo miedo y cómo no tenerlo
si la sabiduría es directamente proporcional
a la autofilia.

La realidad se ovilla a mi costado.

La cubro.

Ambas sufrimos el mismo cáncer

de gentes.

—Todo estará bien— le miento.

Ella sonríe y entra en un sueño ensayado.

Afuera parece nevar hacia arriba...

Otra vez la calle estornuda las mascarillas

huérfanas.

Me gustan los días grises,

los cielos a punto de llorar

o de escupirnos.

Las casas lamidas,

los charcos con los pelos de punta,

los origami como aletas de tiburón

que dejan los niños en el contén

a fin de protegerse...

13

Muerdo esta lengua jíbara
incapaz de plegarse
en el origami del silencio
y rasgo mi carne,
como el prisionero que enumera
la monotonía.
Otra lista más para esta cebra, que aún afónica,
rebuzna pidiendo auxilio.

Un cuerpo desnudo de mujer, asusta,

es por eso que el hombre corre a esconderse

bajo el mantel–sotana de su madre.

Un cuerpo desnudo de mujer, compromete.

—¿Y si quedase preñada de mis ojos?

Mejor no pensarlo, no mirar,

mejor hacerlo un mito...

Erase una vez, un cuerpo desnudo de mujer,

y una rueca, y cien años,

y una nariz infinita y guisantes...—

Un cuerpo desnudo de mujer es solo un lienzo

esperando a ser linchado.

DE LA AUTORA

Amelia Apolinario (1997, Cuba) Narradora y poeta. Egresada del XX curso de técnicas narrativas del Centro de Formación Literaria Onelio Jorge Cardoso y del curso impartido en el Centro Hispanoamericano de Cultura de La Habana. Miembro del taller literario provincial de Mayabeque y del taller online Laboratorio de Escrituras: Encrucijadas a cargo de la escritora Elaine Vilar Madruga. Ganadora del Encuentro Debate de Talleres Literarios Municipal y Provincial en la categoría de cuento para adultos en el año 2015 y en poesía infantil en el 2017. Mención del I Premio "Laboratorio de Escrituras: Encrucijada" 2021 en la categoría de proyecto de libro. Podcast con poemas de su autoría fueron publicados por *Small Blue Library* así como las revistas *Puerta Escarlata*, *Kametsa*, *Nostos*, *Ilustres*, *Colibrí*, *Perro Fantasma* entre otras, cuentan con sus colaboraciones. Su cuento *Los excrementos* fue compilado en la antología *La herencia de los buenos muertos* publicado por la editorial estadounidense Primigenios. Miembro del colectivo ganador de la Beca Línea Abierta correspondiente al segundo semestre del año 2021 auspiciada por la consejería de la embajada de España en Cuba, otorgada al proyecto *Hilos de Sangre: Reescribiendo a Lorca en la Cuba Contemporánea.*

LISTADO DE TÍTULOS Y PRECIOS DE EDITORIAL PRIMIGENIOS

1. *1932, Dios, revolución y libertad*. Poesía. Carlos Salina Granda (Perú). $5.99
2. *1968 y el cine, Memorias del 3er Encuentro de la crítica cinematográfica*. Compilación de Pedro R. Noa. $9.99
3. *A la sombra del mediodía*. Poesía. Luis de la Cruz Pérez Rodríguez. $7.99
4. *A quién pregunto por mí*. Poesía. Andrea García Molina. $12.99
5. *A veces, cuando el silencio*. Poesía. José Antonio Martínez Coronel. $9.99
6. *Abrazo a un búcaro sin flores*. Poesía. David Montero Figueredo. $6.99
7. *Actos en la tierra*. Poesía. Eduardo René Casanova Ealo. $5.99
8. *Adiós Rembrandt y otros relatos*. Colección de cuentos. Manuel Antonio Morales Felipe. $7.99
9. *Adoptando a Mini*. Novela ilustrada. Marié Rojas Tamayo. $7.99
10. *Agradecido entonces como un perro*. Poesía. Guillermo Hernández Montero. $5.99
11. *Al borde de las piedras*. Poesía. Yans González García. $5.99
12. *Al diablo el que me lo pida*. Narrativa. Nuris Quintero Cuellar. $5.80
13. *Al otro lado del mundo*. Poesía. Eduardo René Casanova Ealo.$5.99
14. *Al sur de los páramos*. Poesía. Miladis Hernández Acosta. $5.99
15. *Alas verdes*. Poesía. Lucy Barroso Hernández. $9.99
16. *Alguien está en las cenizas*. Novela. Marilú Rodríguez Castañeda. $9.99

58. *Cosa más grande la vida!* Humor. José Luis Riverón Rodríguez. $7.99
59. *Cosas de un niño grande.* Infantil. Hebert Poll Gutiérrez. $5.99
60. *Cosas que vienen del cielo.* Narrativa. Yolanda Felicita Rodríguez Toledo. $10.00
61. *Criaturas.* Cuentos. Alex Schweg. $7.99
62. *Crónica de una matanza impune, Persecución y asesinato de emigrantes canarios en Cuba.* Ensayo. José Antonio Quintana García. $7.99
63. *Cruce de caminos.* Poesía. Antonio Santana Pérez. $7.99
64. *Cuando aparecen los elefantes.* Libro infantil ilustrado. Norge Sánchez. $9.99
65. *Cuando el dolor se convierte en palabra.* Poesía. Elizabeth Álvarez Hernández. $5.99
66. *Cuando me besan tus ojos.* Poesía. Félix Alexis Guerra Menéndez. $5.80

67. *Cuba en la calle.* Fotografías de la Cuba actual. Felipe Rouco Llompart. $24.99
68. *Cuba la revolución usurpada.* Ensayo. Oscar G. Otazo. $15.99
69. *Cuba y los fotógrafos viajeros: Desde 1841 a la actualidad.* Ensayo bibliográfico. Ramón Cabrales y Rufino del Valle Valdés. $12.99
70. Cuba: crónicas de a pie. Crónicas. Jesús Arencibia Lorenzo. $9.99

71. *Cuba... qué linda es Cuba.* Narrativa. Hebert Poll Gutiérrez.$7.99
72. *Cucumí no aparece en el internet.* Novela negra. F. P. Ray. $9.99
73. *Cuentos del abuelo.* Ilustrado. Fernando Baracaldo Alba. $7.99

74. *Cuentos e historias para la (des) memoria.* Narrativa. Oscar Montoto Mayor. $9.99
75. *Cuentos feroces.* Cuentos. Alina Moreno. $9.99

76. *Cuentos para crecer juntos*. Ilustrado. Marié Rojas Tamayo. $7.99

77. *Cuentos para soñar* (ilustrados). Narrativa. Sarah Graziella Respall Rojas. $19.99

78. *Cuentos, baladas y otras sospechas*. Cuentos. Luis Felipe Ruano. $23.00

79. *Cuervos sobre el trigal*. Cuentos para adultos. Yasmín Sierra Montes. $7.99

80. *Cúmulos nimbos*. Poesía. Isbel G. $5.99

81. *Curvas sobre la superficie del objeto*. Poesía. Anisley Miraz Lladosa.$5.99

82. *De picha, y señor mío*. Narrativa. José Luis Riverón Rodríguez. $7.90

83. *De poesía y poetas*. Ensayo. Armando Landa Vázquez. $9.99

84. *Décima para mi princesa*. Poesía. Katia Pérez Padrón. $5.99

85. *Defensa siciliana 115 partidas magistrales*. Ajedrez. Félix Raúl Pérez Hernández. $12.99

86. *Desde mi ventana*. Poesía y relatos. Irene Castillo. $7.99

87. *Desnuda ante tus ojos*. Narrativa. Jenny Díaz Valdés. $5.99

88. *Después de la Caída*. Poesía. Miladis Hernández Acosta. $9.99

89. *Dientes de perro*. Crónicas. Manuel Pereira. 19.99

90. *Diez cuentos que estremecieron a Cuba*. Narrativa. Carlos Esquivel. $9.99

91. *Dodo danza sobre un dado*. Poesía. Sergio Trincado Torres. $14.99

92. *Donde anida el colibrí*. Narrativa. Zuleica Ruíz Peix. $6.00

93. *Donde el espejo no llega*. Poesía. José Antonio Martínez Coronel. $5.80

94. *Donde termina la mirada*. Poesía. Norge Sánchez. $12.03

95. *Dos libros de Guerra (escrito a cuatro manos)*. Poesía. Félix Guerra Pulido y Félix Alexis Guerra Menéndez. $9.99

recorrido por el Cementerio Cristóbal Colón de La Habana. Ensayo novelado. Mario Darias Mérida. $39.99

117. *El juego de la memoria. Poesía en décima.* Poesía. Alberto Edel Morales Fuentes. $13.99 (Tapa dura) y $7.99 (Tapa blanda)

118. *El legado de los Rep.* Ciencia Ficción. José R. Barbón Hernández. $7.99

119. *El legado de los Rep.* Novela ciencia ficción. José Ramón Barbón Hernández. $7.99

120. *El libro del caos.* Poesía. Francisco (Paco my friend) Guzmán Rivero. $7.99

121. *El maravilloso mundo de las libélulas.* Colección Eureka, ciencia y técnica. Jose M. Ramos Hernández. $7.99

122. *El maravilloso viaje de Kiko y ratón.* Narrativa. Manuel Roblejo Proenza. $5.99

123. *El marmolito mágico.* Juvenil. Gabriela Sánchez. $9.99

124. *El martillo de plata.* Juvenil. Lesbia de la Fé. $7.99

125. *El momento de las iniciaciones.* Poesía. Osmari Reyes García. $5.99

126. *El monasterio interior.* Poesía. José Antonio Martínez Coronel. $9.99

127. *El nacimiento de la conciencia histórica. Conferencias en la Universidad del aire dictadas por Maria Zambrana.* Daniel Céspedes Góngora. $5.99

128. *El onceno mandamiento.* Narrativa. Marié Rojas Tamayo. $10.99

129. *El personaje y su leyenda.* Historia. Leonardo Depestre Catony. $7.99

130. *El polvo rojo de la memoria.* Novela. Eduardo René Casanova Ealo. $5.99

131. *El puente y otros relatos.* Narrativa. Eduardo René Casanova Ealo. $5.99

132. *El que a buen humor se arrima, buen buena lo acobija.*

Caricaturas. Ernesto Rodríguez Castro (Beli). $10.99

133. *El reino perdido de la Zapatucia.* Infantil. José Luis Riverón Rodríguez. $5.99
134. *El rosario del hombre de ceniza.* Poesía. Álex Padrón. $5.99
135. *El secreto de la luna.* Juvenil. Griselda Leonor Rodríguez Pimentel. $7.99
136. *El señor de las patas largas.* Narrativa infantil ilustrada. Nuris Quintero Cuellar. $14.99

137. *El silencio de los culpables.* Narrativa. Anisley Miraz Lladosa. $9.99
138. *El silencio que dicen.* Poesía. Abel German. $5.99
139. *El tiempo de la esperanza y otros cuentos.* Gisela Lovio Fernández. $11.99
140. *El tridente, décimas antológicas cubanas.* Poesía. Carlos Esquivel, J. L. Serrano y Ronel González. $15.99
141. *El triunfo de Eros.* Narrativa. Barbarella D´Acevedo. $9.99

142. *El último sol.* Poesía. Miroslaba Pérez Dopazo. $5.99
143. *El velo de la certeza.* Poesía. José Antonio Martínez Coronel. $5.99

144. *Embestidas de la piel.* Poesía. Odalys Leyva Rosabal. $5.99
145. *Emigrados de fondo.* Poesía. Fernando Lobaina Quiala. $4.99
146. *En el límite.* Narrativa. Maritza Vega Ortiz. $10.00
147. *En esta claridad está mi casa.* Poesía. Beatriz del Rosario Torrente Garcés. $6.99
148. *En este barrio no hay vampiros.* Novela. Luis Pacheco Granado. $7.99
149. *En la gruta del tiempo.* Narrativa. Felicia Hernández Lorenzo. $8.99
150. *En La Habana de ahora mismo, dos historias de Boston Franco.* Cuentos. Dagoberto José Valdés Rodríguez. $7.99
151. *En un raro lugar y otras historias.* Cuentos. Jeiddy Martínez Armas. $7.99

152. *Encrucijadas y naufragios.* Cuentos. José Valdés Rodríguez. $7.99

153. *Enigmas de la otra.* Poesía. Nuris Quintero Cuellar. $5.80

154. *Entre piropos, dichos y refranes.* Décima. Noelio Ramos Rodríguez. $6.99

155. *Eros.* Poesía. Armando Landa Vázquez. $5.99

156. *Es la hora de los hornos.* Poesía. Norge Sánchez. $5.99

157. *Escaras.* Poesía. José Alberto Nápoles. $5.99

158. *Escritos de un plumazo.* Narrativa. José Alberto Collazo. $7.50

159. *Estaba la pájara pinta.* Ensayo. José Antonio Martínez Coronel. $36.99

160. *Fábula del presunto cuerdo.* Narrativa. Edilberto Montecé. $7.99

161. *Fauna cavernícola.* Ensayo. José M. Ramos Hernández. $7.99

162. *Feria de máscaras.* Poesía. Yamilka González Pérez. $5.99

163. *Fiesta de rimas.* Poesía ilustrada para niños. Eliane Acosta Moreira. $11.99

164. *Filosofía política de la guerra.* Ensayo. Carlos Salinas Granda. $10.99

165. *Fragmentaciones de la luz.* Poesía. Luis Mariano Estrada (Lewis). $7.99

166. *Fragmentaciones del silencio.* Poesía. Ana Ivis Cáceres de la Cruz. $5.99

167. *Frederich Cepeda, la voluntad como primicia.* Ensayo. José Ramón Crespo Jiménez. $40.00 y $12.99

168. *Fruto Rojo.* Poesía. Ana Herminia Rodríguez. $5.99

169. *Gabriela en el espejo.* Cuentos ilustrados para niños. Norge Sánchez. $9.99

170. *Gabriela.* Infantil. Norge Sánchez. $5.99

171. *Gentes.* Cuentos. Roberto Peláez Romero. $7.99

172. *Germán pinta guaraparanganas.* Artes plásticas. Germán Molina. $11.99

173. *Gestos brutales*. Cuentos. José Alberto Velázquez

174. *Guijarros*. Poesía. Norge Sánchez. $4.99

175. *Habana cool*. Crónicas. José Hugo Fernández. $9.99

176. *Historia de amor*. Libro infantil ilustrado. Norge Sánchez. $9.99

177. *Historias en la almohada*. Poesía. Armando López Carralero.$8.65

178. *Hombre que escribe en banco sin parque*. Poesía. Ulises Hernández Expósito. $5.90

179. *Hombreriego*. Narrativa. Raúl Hernández Pérez. $5.99

180. *Hombres de rutina*. Narrativa. Marlon Duménigo. $5.99

181. *Huellas de una nación*. Fotografía. Yovanis González Elizalde. $5.99

182. *Insectos para principiantes*. Divulgación científica. José M. Ramos Hernández. $7.99

183. *Instantes en la memoria*. Poesía. Agustín Ramón Serrano. $5.99

184. *Jardín mecánico*. Poesía. Luis Alonso Cruz Álvarez. $7.99

185. *Jato*. Juvenil. Belkis Reyes Soto. $13.99

186. *Juan Pirindingo y otros cuentos*. Libro infantil ilustrado. Delsa López Lorenzo. $12.00

187. *Katabasis*. Cuentos. David Martínez Balsa. $ 7.99

188. *Kiko Pemba, espíritu del monte*. Poesía y fotografía. José Mederos Sigler. $15.99

189. *La acrobacia del minotauro*. Poesía. Jesús Machado Espinosa. $7.99

190. *La casa mía*. Infantil ilustrado. Alessandro Masoni. $9.99

191. *La catedral del Tiempo*. Narrativa. José Antonio Martínez Coronel. $10.50

192. *La corte de los lobos*. Narrativa. José Luis Riverón Rodríguez. $9.99

193. *La cosa roja*. Narrativa. Luis Felipe Ruano. $9.99

194. *La culpa no fue de Dios*. Narrativa. Andrea García Molina. $5.99

195. *La Estancia, apuntes y recuerdos de Albert Gagnon-Beyle.* Narrativa. Jesús Alberto Díaz Hernández. $9.99

196. *La fiesta de la reina ortografía.* Narrativa infantil. Ronel González Sánchez. $7.99

197. *La frágil memoria de la semana.* Poesía. Elizabeth Álvarez Hernández. $5.38

198. *La furia de los vientos.* Testimonio. Pedro Armando Junco. $12.99

199. *La Gallina golondrina.* Infantil ilustrado. Norge Sánchez. $9.99

200. *La gruta del lobo.* Narrativa. de Hamlet Gómez. $12.99

201. *La Habana convida. Antología poética por el 500 aniversario de la ciudad.* Eduardo René Casanova Ealo y 79 poetas. Edición de lujo. $70.00

202. *La Habana convida. Antología poética por el 500 aniversario de la ciudad.* Eduardo René Casanova Ealo y 79 poetas. Edición estándar. $15.99

203. *La Hechicera.* Narrativa. Yasmín Sierra Montes. $9.99

204. *La herencia de los buenos muertos, compilación de obras presentadas al Concurso Internacional de cuentos.* Compilación. Eduardo René Casanova Ealo. $19.00

205. *La isla de las hormigas rojas.* Poesía. Luis Mariano Estrada (Lewis). $5.99

206. *La isla del espanto y otros cuentos.* Narrativa. de Gisela Lovio. $12.99

207. *La isla preterida.* Poesía. Miladis Hernández Acosta. $23.60

208. *La Larga.* Narrativa. Ángel Osiris Milián. $15.99

209. *La luna frente al espejo.* Poesía. Luis Mariano Estrada (Lewis). $7.99

210. *La música del árbol.* Poesía. Adalberto Hechavarría Alonso. $6.99

211. *La oscura escalera.* Novela. Ramón Díaz-Marzo. $6.99

212. *La patria es una naranja.* Poesía. Félix Luis Viera.$8.99

213. *La peña de Horeb*. Poesía. José Antonio Martínez Coronel. $6.99

214. *La plaga en el valle del Belanús*. Novela. Manuel Quintero Pérez. $9.99

215. *La sangre del marabú*. Narrativa. Argenis Osorio Sánchez. $7.99

216. *La sombra de Sísifo*. Poesía. José Antonio Martínez Coronel. $5.99

217. *La sombra que pasa*. Poesía. Miladis Hernández Acosta. $7.99

218. *La veda del dinosaurio*. Narrativa. Edgar Estaco Jardón. $5.99

219. *La venganza del contrario*. Narrativa. Odalys Leyva Rosabal. $7.99

220. *La vida húmeda*. Cuentos. Carlos Alberto Casanova. $7.99

221. *La violencia para vivir, la muerte es el alivio*. Ensayo. Dr. Octavio Gárciga Ortega. $15.99

222. *La virgen sumergida o cómo mataron a Charo*. Narrativa. José Luis Riverón Rodríguez. Edición a todo color. $30.00

223. *La virgen sumergida o cómo mataron a Charo*. Narrativa. José Luis Riverón Rodríguez. Edición estándar. $9.99

224. *Las arenas del tiempo*. Poesía. José Antonio Martínez Coronel. $5.80

225. *Las colinas de Potomac, antología mínima*. Poesía. Eduardo René Casanova Ealo. $15.99

226. *Las dunas de la espera*. Poesía. José Antonio Martínez Coronel. $5.58

227. *Las hadas calzan botas*. Poesía infantil ilustrada. Clara Lecuona Varela.$12.99

228. *Las Hijas de Sade*. Narrativa. Guillermo Vidal y Maria Liliana Celorrio. $9.99

229. *Las náufragas porfías*. Ensayo sobre la obra de Dulce María Loynaz de Miladis Hernández Acosta. $7.99

230. *Las rosas que mañana (un museo para Dulce María)*. Poesía. Mariana Enriqueta Pérez Pérez. $7.99

231. *Las sendas escabrosas*. Poesía. Yasmín Sierra Montes. $5.50
232. *Las tablillas de Diógenes*. Poesía. Eduardo René Casanova Ealo. $7.26
233. *Laurel y orégano, la hora en que no muere nadie*. Narrativa. Marié Rojas Tamayo. $19.99

234. *Laverna*. Poesía. J. W. Riter. $5.99
235. *Lengua de sapo, relatos hiperbreves*. Narrativa. Edgar Estaco. $9.99
236. *Levitas del siglo XXI*. Ensayo. José Luis Riverón Rodríguez. $7.99
237. *Libro de los prójimos*. Poesía. Miladis Hernández Acosta. $7.99
238. *Libro negro del desencantado*. Poesía. Eduardo René Casanova Ealo. $12.99

239. *Los años del principio*. Novela. José Gutiérrez Cabanas. $15.99
240. *Los blancos territorios, antología creciente*. Poesía. Miladis Hernández Acosta. $17.99

241. *Los caminos del agua*. Poesía. Armando López Carralero. $5.99
242. *Los cerezos de tu vientre*. Novela. Yasmín Sierra Montes. $15.99
243. *Los Césares perdidos*. Poesía. Odalys Leyva Rosabal. $6.99
244. *Los cuentos más tontos del mundo*. Narrativa. Ronel González Sánchez. $9.99

245. *Los días nuestros*. Poesía. Mayda Milián Ortiz. $6.99
246. *Los enanos de corazones*. Cuentos. Aymee Corominas. $5.99
247. *Los hilos de Ariadna*. Narrativa. José Antonio Martínez Coronel. $15.50
248. *Los imponderables reinos*. Poesía. Miladis Hernández Acosta. $5.99
249. *Los independientes de color*. Poesía. Armando Landa Vázquez. $9.99
250. *Los mapas del tiempo*. Poesía. Álex Padrón. $10.00
251. *Los maravillosos viajes de Globito*. Infantil ilustrado. Clara Lecuona Varela. $12.99

252. *Los misterios de la torre: El muerto del pozo*. Novela. Mario Luis López Isla. $9.99

253. *Los números*. Ilustrado para niños. Narely Plasencia Rodríguez. $9.99

254. *Los ojos tras la ventana*. Cuentos. Roberto J. González. $7.99

255. *Los peces no lloran*. Poesía. Julián Dimitri Tamayo Carbonell. $7.99

256. *Los remedios de Remedios*. Crónicas. Roberto Santiago González. $19.99

257. *Los sutiles vástagos*: poemas dispersos. Poesía. Milho Montenegro. $5.80

258. *Luna de aire*. Poesía infantil ilustrada. Yolanda Felicita Rodríguez Toledo.$9.99

259. *Lunaciones, antología personal*. Poesía. Rafael Vilches Proenza. $7.99

260. *Lunes primero*. Narrativa. Pablo Virgili Benítez. $5.99

261. *Luz de apocalipsis*. Poesía. Armando López Carralero. $7.99

262. *Luz de mágica sombra*. Poesía. Yasmín Sierra Montes. $5.90

263. *Luz y polvo en el granero*. Poesía. Reinol Cruz Díaz. $5.99

264. *Madre de cal*. Narrativa. Yasmani Rodríguez Alfaro. $ 7.99

265. *Malas palabras*. Poesía de Norge Sánchez. $7.99

266. *Manet y el paraíso de las pesadillas*. Novela. Titania Dreamer. $9.99

267. *Maravilloso zoológico*. Ilustrado para niños. Pilar Doris Gálvez Martínez. $12.99

268. *Más solo que la Luna*. Narrativa. José Alberto Collazo Oramas. $5.99

269. *Máscaras*. Poesía. Lázaro Alfonso Díaz. $5.99

270. *Mata*. Novela. Raúl Aguilar. $6.99

271. *Me declaro inocente*. Cuentos. Pedro Pablo Morejón López. $7.99

272. *Memorias de un kamikaze.* Poesía. Jorge Yassel Valdés Reyes. $6.99
273. *Memorias del abismo.* Poesía. Miladis Hernández Acosta. $5.99
274. *Miami, mi rincón querido. Antología ilustrada de cuento y poesía.* Eduardo René Casanova Ealo. $32.99

275. *Mirar, sufrir, gozar...La Habana.* Novela colectiva. Coordinador del proyecto: Lázaro Díaz Cala y Yoss. $11.99
276. *Misa de ratones: nueve monólogos teatrales.* Teatro. Edgar Estaco Jardón.$7.99
277. *Mitos y realidades.* Novela testimonio. José Ramón Crespo Jiménez. $7.99
278. *Modelando el verso.* Poesía. Salomón Leroux. $7.99

279. *Momentos.* Poesía. Bárbara Olivera Más. $5.99
280. *Morir en el fin del mundo.* Narrativa. Amador Hernández Hernández. $12.99
281. *Mujeres con testículos.* Narrativa. José Alberto Collazo Oramas. $9.99
282. *Mundo invisible. Poesía para todas las edades.* Ronel González Sánchez. $15.99
283. *Mundos paralelos y otros cuentos.* Narrativa. Gisela Lovio. $9.99

284. *Muros y otras historias del fin del mundo.* Narrativa. Clara Lecuona Varela. $5.99
285. *Músicos ambulantes.* Cuentos. Barbarella D´Acevedo. $9.99
286. *Nadar entre dos aguas.* Narrativa. José Alberto Collazo Oramas. $9.50
287. *Navegación Impasible.* Poesía. Eduardo René Casanova Ealo. $7.99
288. *Nietzsche, el mecenas: Yo no soy un hombre, soy dinamita.* Ensayo. Ángel Velázquez Callejas. $9.99
289. *No despierten a las mariposas.* Narrativa infantil. Teresa Medina Rodríguez. $7.99

290. *NoSéDónde y el País de las cosas perdidas.* Literatura para jóvenes. José Luis Riverón Rodríguez. $20.00
291. *Noventa minutos: Poemas y narraciones sobre fútbol.* Carlos Esquivel. $7.99
292. *Nuevos cortos del Pichi.* Narrativa. Rolando González Gil. $7.99
293. *Orgullo de isla.* Cuentos. Fernando Lobaina Quiala. $7.99
294. *Orgy o fear, Orgía del miedo.* Poesía bilingüe. Ismael Sambra. $7.99

295. *Otro invierno sin fósforos.* Poesía. Edgar Estaco Jardón. $5.99
296. *Pa´Cuba ni muerto.* Testimonio. Norge Sánchez. $9.00
297. *Pagar para ver.* Novela. Frank Correa. $12.99
298. *Páginas finales de la náusea.* Teatro. Miguel Terry Valdespino. $8.99
299. *País sin moscas y otros poemas.* Poesía Edición tapa dura. Félix Anesio. $19.99

300. *País sin moscas y otros poemas.* Poesía. Félix Anesio. $10.99
301. *Pan con mantequilla.* Cuentos. Ramón Díaz-Marzo. $8.99
302. *Paulette.* Cuentos. Osvaldo S. Reina Rodríguez. $9.99
303. *Pequeño diario de la Gran Zafra.* Testimonio. Carlos Julio Larramendi Rodes. $10.99

304. *Pero no me toques.* Narrativa. Bertha María Gómez Sedano. $5.99
305. *Perversas mujeres contra el muro. Colección erótica de cuentos.* Odalys Leyva Rosabal. $19.99
306. *Pesadilla, tragedia y fantasmas de neón.* Cuentos de ciencia ficción. Álex Padrón. $7.99
307. *Pesquería lunar.* Poesía infantil ilustrada. Jorge Morales Morales.$5.50
308. *Philosophia Naturalis Principia Poética Matemática.* Poesía. Armando Landa Vázquez. $7.50
309. *Piano Afinado.* Poesía. Norge Sánchez. $7.99

332. *Revoloteos*. Infantil ilustrado. María Ondina Niebla. $14.99

333. *Rostros de Hollywood en La Habana*. Crónicas. Leonardo Depestre Catony. $9.99

334. *Rostros*. Cuentos. Lisbeth Lima Hechavarría. $7.99

335. *Russian Brindis*. Teatro. Juan José Jordán. $5.99

336. *Salmos por Denisse*. Poesía. Yolanda Felicita Rodríguez Toledo. $3.99

337. *Salsiquieres city*. Narrativa. Teresa Medina Rodríguez. $5.99

338. *Saltarina y el majá rastrero*. Infantil ilustrado. Delsa López Lorenzo.$13.99

339. *Santa Fe y otros relatos teatrales*. Teatro. Edgar Estaco Jardón. $10.00

340. *Secuelas del caos*. Poesía. Ana Ivis Cáceres de la Cruz. $9.99

341. *Sexualidad femenina, el paraíso del placer*. Dr. Octavio Gárciga Ortega PhD. $12.99

342. *Siéntate y mira: Crítica, comentarios y ensayos sobre cine*. Crítica cinematográfica. Daniel Céspedes Góngora. $10.99

343. *Silencios de un especial periodo*. Poesía. Juan Francisco González-Díaz. $5.99

344. *Simplemente José Antonio*. Cuentos. Julio Alberto Medel. $9.99

345. *Sin oxígeno, sin Cristo*. Cuentos. Rogelio Riverón. $9.99

346. *Solo en medio del mundo*. Poesía. Norge Sánchez. $5.99

347. *Subdesarrollo Pérez, ¡Qué envolvencia!, El arte de la simulación*. Arístides Pumariega y Rebeca Ulloa. $12.99

348. *Temblor de hoja rota*. Poesía. Armando López Carralero. $7.99

349. *Thanatos y Eros*. Poesía. Álex Padrón. $7.99

350. *The Watchers*. Novela (en inglés). Asley L. Mármol. $15.99

351. *Tiempo*. Poesía de Bernardo Javier Castro Reyes. $7.99

352. *Todas las madrugadas*. Narrativa. Manuel Roblejo Proenza. $5.99

353. *Todos vivimos en Oz*. Cuentos. Edición de lujo. Marié Rojas Tamayo. $40.00.

354. *Todos vivimos en Oz.* Cuentos. Edición estándar. Marié Rojas Tamayo. $12.99

355. *Torres de marfil.* Narrativa. Yonnier Torres Rodríguez. $7.99
356. *Trampas de amor.* Poesía para niños. Carlos Ettiel. $14.99
357. *Tras el telón de celuloide: Acercamiento al cine cubano.* Crítica cinematográfica. Antonio Enrique González Rojas. $7.00
358. *Traumas.* Cuentos. Osmel Iglesia. $7.99
359. *Travesía al desnudo.* Poesía. Wendy Calderón Veloso. $5.99
360. *Tus luces sobre mí.* Narrativa. Maritza Vega Ortiz. $7.99
361. *Un grafiti en los ladrillos.* Poesía. Hansrruel Aldana Cabrera. $5.99
362. *Un pueblo con suerte.* Ilustrado para niños. Andrés Cobo García. $9.99
363. *Un rey sin corona.* Novela. Frank Correa. $7.99
364. *Un tren delirante.* Novela. Alina Moreno. $9.99

365. *Un triste cepillo de dientes.* Narrativa. Norge Sánchez. $7.99
366. *Una ciudad sin lágrimas.* Miriam Peña Leyva. $5.99

367. *Una cosa es con guitarra.* Poesía. José Luis Rodríguez Alba. $5.99
368. *Una mujer es...* Poesía. Juan Francisco González-Díaz. $5.50
369. *Uno por aquí y yo, en la pandilla del barrio.* Novela. Noelio Ramos Rodríguez. $7.99
370. *Username: Henry.* Ciencia ficción. Frank Hidalgo-Gato. $15.99
371. *Username: Henry.* Novela de ciencia ficción. Frank Hidalgo-Gato. $15.99
372. *Uvas para llevar a la boca.* Poesía. Lucy Maestre. $7.99

373. *Valbanera: Naufragio, misterio y leyenda.* Ensayo. Mario Luis López Isla. $12.99
374. *Vértigos.* Poesía. José Poveda Cruz. $5.99
375. *Vienen... vienen los americanos.* Cuentos. Rebeca Ulloa. $7.99
376. *Viento de cenizas.* Poesía. Miladis Hernández Acosta. $8.99